Die Bergische Kaffeetafel

„Kännche Kaffee, Bureplatz
Schwatzbrut, Botter opjesatz,
Kooche, Mellichries on Jebäck,
Krückche, Schenke, Wuesch on Speck –
Seht, dat alles, we jesäht, eß he Spezialität"

aus einer bergischen Speisekarte

Köstlicher Kaffee aus scheinbar unerschöpflicher Quelle, frisch gebackene Waffeln und ein reichhaltig gedeckter Tisch, der niemals leer wird – das ist die Bergische Kaffeetafel, die bekannteste kulinarische Spezialität des Bergischen Landes.

Mit „Kaffeetrinken einmal anders", nämlich Kaffeetrinken „met allem dröm on draan" seine Gäste zu verwöhnen, lohnt sich! Es bringt neben dem Genuss auch eine gemütliche und gesellige Atmosphäre.

Als kleiner Leitfaden soll Ihnen dieses Buch Lust machen zur Gestaltung Ihrer „eigenen" Bergischen Kaffeetafel.

Geschichtliches

Schon immer wurde Gastfreundschaft bei den Bewohnern des Bergischen Landes großgeschrieben. So bot man aus

eigener bescheidener Landwirtschaft und Herstellung Freunden, Bekannten und lieben Gästen gern an, was Küche, Keller und Speisekammer hergaben. Hier gab es Mitte des 19. Jahrhunderts – dank bescheidenen Wirtschaftswachstums und wachsender Handelsbeziehungen im Zuge der Industrialisierung – auch Reis und echten Bohnenkaffee.

Zu Beginn des 20. Jahrhunderts entdeckten die Städter das Bergische Land als Ausflugsziel, erreichbar mit der Eisenbahn als das neue Beförderungsmittel. Nach anstrengender Wanderung ließ man sich mit kulinarischen Köstlichkeiten der Region verwöhnen. Bald erkannte so mancher Wirt die Werbewirksamkeit einer Kaffeetafel, wie sie nur im Bergischen Land angeboten wurde. Ein Angebot, das nicht nur Kaffee und Kuchen, sondern – nach alter Tradition – auch weitere Schmausereien enthielt. Dieses Kind brauchte einen unverwechselbaren Namen. So entstanden die Bezeichnungen „Kaffee nach Bergischer Art" (Werbung 1929) und „Kaffee mit allem dazu" (1930). Ende der 30er Jahre setzte sich der Begriff „Die Bergische Kaffeetafel" durch, der noch heute über die Region hinaus bekannt ist. In den 60er Jahren gab Willi Münch, Leiter des Niederbergischen Museums Wülfrath, der Bergischen Kaffeetafel einen weiteren Namen: „Koffeedrenken met allem dröm on dran". Er hat die fast vergessene Tradition der Bergischen Kaffeetafel neu belebt.

Die Bergische Kaffeetafel

Wanderwegbeschreibung 1930 von Gustav Nehm:

„Ein bergischer Kaffee! Der hält Leib und Seele zusammen. Besonders wenn man eine stundenlange Wanderung bergauf und bergab am heißen Sommertag hinter sich hat. Müde sinken wir in die Bank im Wirtsgarten. Oh, diese erfrischende Kühle unter dem Laubdach der alten Linde. Es rauscht das Wehr. ‚Kaffee mit allem dazu!' bestellen wir. Schon kommt das blitzsaubere Mädelchen, breitet die bunte Kaffeedecke über den Gartentisch und setzt das Geschirr auf. In der Küche wird die Kaffeemühle gedreht. Der Duft von Frischgebackenem strömt aus dem offenen Fenster.

Es wird aufgetragen: Weißbrot, Korinthenstuten, bergisches Schwarzbrot, frisch gebackene Waffeln, Zwieback und Burger Bretzeln, weißer Käse und goldgelber Holländer, Reisbrei, Butter, Milch und Zucker. Wie würzig und kräftig steigt es aus der Kaffeekanne!

Wie das mundet! Der Bergische liebt seinen Kaffee mit allem dazu!"

Notwendiges

Wenn es auch keine starren Regeln gibt, was im Einzelnen und in welcher Reihenfolge auf den Tisch kommt, so sollte doch eine Grundausstattung vorhanden sein, um eine Kaffeetafel zu einer „Bergischen" werden zu lassen.

Hierzu gehören:

1. Kaffee, wenn möglich, serviert aus der „Königin“ der Bergischen Kaffeetafel, der „Dröppelmina“
2. Brot, süß oder herzhaft, hell oder dunkel
3. Unterlage: Butter und Quark (Klatschkies)
4. Aufstrich: Apfel- oder Birnenkraut (Pefferkrücksche), Rübenkraut (Pimpeskrücksche), Honig
5. Aufschnitt: Frische oder geräucherte Leberwurst (Flöpp), Blutwurst (Flönz), roher Schinken und Käse
6. Waffeln – frisch gebacken serviert – zu genießen nur mit Puderzucker oder belegt mit Milchreis (stieve Ries), Zucker und Zimt (Zucker on Kaneel) oder heißen Kirschen/Roter Grütze und Sahne
7. Zum Abschluss: Bergischer Korn oder Aufgesetzter.

Darüber hinaus sind der Phantasie keine Grenzen gesetzt: Erlaubt ist, was gefällt!

GUT ZU WISSEN:

Die Reihenfolge, in der die einzelnen Bestandteile angeboten werden, liegt im Ermessen des Gastgebers. Meistens ist der Tisch von Anfang an mit allen Genüssen gedeckt. Starre Regeln werden in diesem Buch bewusst nicht aufgestellt, da sie die Kreativität und Freude am Essen einschränken könnten.

Wie ein „Tischlein-deck-dich“ darf die Bergische Kaffeetafel niemals leer werden.

Die Dröppelmina

Optischer Mittelpunkt, die „Königin“ der typischen Bergischen Kaffeetafel, ist die Dröppelmina – eine besondere Kaffeekanne, aus Zinn gegossen oder auch aus Messing oder Kupfer hergestellt und innen verzinnt. In ihrem Aussehen erinnert sie an die Herrin der Küche, die „Wilhelmina“, die resolut die Arme in die Hüften stemmt. Der Kaffee wird im Bauch der Kanne mit kochendem Wasser aufgebrüht. Über dem höchsten Stand des Kaffeesatzes befindet sich ein Kränchen zur Entnahme des Kaffees. Beim Auf- und Zudrehen tropft das Kränchen: Es dröppelt! Weil die Kanne die Aufgabe der Küchenfee übernahm, entstand die Bezeichnung von der dröppelnden Mina (mit einem „n“!) als der Dröppelmina.

Geschichtliches

Wie Kaffee und Reis ist auch die Dröppelmina durch vielfältige Handelsbeziehunge über die Niederlande ins Bergische gekommen.

Die schönste Geschichte über die Entstehung der Dröppelmina besagt, dass ein holländischer Vollmatrose, sein Name war wohl Pit Griet, mit einer kaputten Porzellankanne aus Japan zu einer Geschirrgießerei in Holland gekommen sei, um sich hier das zerbrochene Erinnerungsstück in Zinn gießen zu lassen. Die Idee einer Kaffeekanne aus Zinn - versehen mit einem kleinen Kran zum Ausgießen - gefiel dem

Besitzer der Gießerei so gut, dass er beschloss, sie zu vermarkten. Schon bald verkaufte sich diese spezielle Kanne bis nach Köln und ins Bergische Land. Die teilweise prachtvoll verzierten Kränchenkannen, die bergische Zinngießer seit Anfang des 18. Jahrhunderts herstellten, waren immer Mittelpunkt einer festlichen Tafel. Für besonders große Kaffeetafeln hatten sie sogar ein Fassungsvermögen von bis zu 20 Litern. Heute fassen die gängigen Dröppelminas ein bis zwei Liter Kaffee. Um den Kaffee längere Zeit warm halten zu können, entwickelten die Zinngießer eine Kanne mit höheren Füßen, unter die eine kleine Schale mit glühender Holzkohle gestellt wurde. Heute werden hierzu Teelichter benutzt.

Die sparsame bergische Hausfrau füllte ihre Dröppelmina zumeist nicht mit dem teuren Bohnenkaffee, sondern mit Muckefuck, dem erschwinglichen Kaffeeersatz oder einer Mischung von beiden. Für einfache bäuerliche Haushalte blieb das Statussymbol „Dröppelmina" lange Zeit ein Traum.

Peinliche Betriebsstörung

oder „Hilfe, die Dröppelmina ist verstopft!"

Aus dem Roman „Burg an der Wupper" von Herrmann Bäcker:

„Sie bediente mit Geschick den Kaffeetisch. Selbst die altfränkische Dröppelmina, das Schaustück des Klauberghofes, eine ...zinkgetriebene Mokkakanne tat unter ihren Händen ihre Schuldigkeit. Keine Betriebsstörung trat ein. ‚Bei Fräulein Mariechen', scherzte Frau Tugendhold, ‚braucht man nicht zur Haarnadel zu greifen, wie ich´s kürzlich auf dem Tauffest eines unserer Arbeitsleute sah, wo die entschlossene Schwiegermutter, da die Kränchen an der Kaffeekanne hartnäckig versagten, einfach mit der Haarnadel hineinfuhr und die unterbrochene Leitung also mit Gewalt herstellte.' ‚Brrr! Wie fies!' ging´s durch den ganzen Kreis. Die Frauen schüttelten sich vor Entsetzen. Der besorgten Hausfrau aber fiel ein Stein vom Herzen, als die öfter launische Dröppelmina diesmal ihre Mucken ließ. Der Kaffeestrom rauschte ungehemmt aus sämtlichen ... Röhren, und köstlich mundete der würzige Trank auch der verwöhntesten Kennerin."

Eine andere Art der Abhilfe bei solcher Betriebsstörung ist es, den Deckel der Kanne zu entfernen und mit der flachen Hand heftig gegen den Kannenrand zu schlagen, um Luftdruck zu erzeugen und den Kaffee wieder „dröppeln" zu lassen.

Nicht anzuraten ist das Durchpusten des Kränchens: Wenn der heiße Kaffee wieder fließt, landet er samt Satz direkt im Mund oder verteilt sich auf dem festlich gedeckten Tisch.

GUT ZU WISSEN:

Als Maß für das Kaffeemehl gilt: Ein gefüllter Kannendeckel plus ein Extralöffel voll „für die Dröppelmina". Das Mehl wird in der Kanne mit kochendem Wasser übergossen. Der Kaffeesatz sammelt sich in der Rundung des Kannenbodens, und durch den etwas höher angebrachten Kran kann der Kaffee fließen. Als Tropfenfänger empfiehlt sich ein hübsches kleines Gefäß unter dem Kränchen.

Eine Dröppelmina ohne Stövchen, mit kochendem Wasser vorgewärmt, hält den Kaffee bis zu drei Stunden warm.

Nach gelungenem Kaffeegenuss die Zinnkanne nur mit warmem Wasser ausspülen, bitte nicht scheuern oder putzen! Ihren Glanz behält die Dröppelmina durch liebevolle Pflege, am besten durch Abstauben mit einem Wolltuch. Kälte und Feuchtigkeit schaden ihr.

Der letzte Hersteller von Dröppelminas, Rolf R. Breidenbach, verschickt dieses Symbol bergischer Kaffeekultur und Gemütlichkeit von Dabringhausen-Grunewald aus in alle Welt. Sogar Bundespräsidenten, Bundeskanzler und zahlreiche weitere Prominente nennen so eine Kanne ihr eigen.

De Kaffeemüll

Em Schaaf doheem en user Stuvven
En Kaffeemüll hät do ihr Plaaz
De Treechter drop es puer van Koffer
De Nälcher blenken dran su staats.

De Müll, die kann us vil verzellen.
Jedriet wued se ald Johr on Daach.
Ming Jroß hät lang noch drop jemahlen.
On luter maat se joot ihr Saach.

Op minger Kenkdoof dät se mahlen,
Als Patt on Jott en ihrem Staat
Met Tanten, Ühmcher, Nohberschlückche
E Pöttche dronken, oßen Taat.

Kom ener us ens fruh besöken,
Dann sät janz höesch für mech de Jrooß:
Jangk sier on maach e Pöttchen Kaffee.
Raaf ens jehürich en de Doos!

Do nohm ech dann eraf vem Brettche
De blechern Dos, bemolt schün bongk,
Wo drennen lochen all die Bünncher
On bovven drop dat Lütche ronk.

Bei dem dan löstich wued jeschwaat,
On sößS jemaat vam jlasern Zucker,
Hät us mänech Pöttchen Freud jebraat.

Als Kenk dät ech se enmol driehen
De Motter sät: Nu jeff jot ach!
Klatsch! Log dat Schößje op de Erd –
Watsch! En Uhrfich ! – Wor dat en Sach.

Et wued och wallens nit jemahlen,
Dann jof et zweites Opjebott,
Dovan dät nie et Hätzje kloppe,
Weil Muckefuck es jo nit kott.

Su dät de Müll jo döckes kraachen
En fruhen Dagen on bei Leed.
Nu steet se stell, se hät keen Bünncher,
Deet nit mih kraachen, es jiz beed.

Doch kütt och widder ens de Fridden,
Dä us de Herrjott jevven maach,
Dann staatse Müll, dann salls de laachen,
On mäneche Bunn wüed noch jekraach.

August Kierspel, 1916

Der Kaffee

"C-A-F-F-E-E
Trink nicht zuviel Caffee!
Nicht für Kinder ist der Türkentrank,
schwächt die Nerven,
macht dich blass und krank!
Sei doch kein Muselmann,
der das nicht lassen kann!"

Alter Kinderspruch

Zentraler Bestandteil der Bergischen Kaffeetafel ist, wie der Name schon sagt, der Kaffee. In einer gerösteten Kaffeebohne sind über 800 verschiedene Aromastoffe enthalten, dies macht den Kaffee zu einem der aromareichsten Lebensmittel.

Geschichtliches

Der preußische König Friedrich der Große genoss seinen Kaffee am liebsten kräftig gepfeffert und ließ sich das Getränk manchmal auch mit Champagner statt mit Wasser zubereiten. Johann Sebastian Bach hat dem Kaffee sogar eine eigene Kantate gewidmet.

Im Bergischen Land ist der Genuss von Bohnenkaffee ungefähr seit 1710 üblich.

1769 entstand in Düsseldorf das erste Kaffeehaus. Lange Zeit - für uns heute fast unvorstellbar – war Kaffee nur ein Getränk der begüterten Familien.

Bei den Kaffee-Einladungen musste der Kaffee immer reichlich eingeschenkt werden. Die Tassen nicht randvoll? Da kam schnell der Gedanke, die Hausfrau sei geizig. Zudem wurde der Kaffee von der Tasse in die Untertasse gegossen, um ihn genüsslich schlürfen zu können. Es galt als unfein, aus der Tasse zu trinken.

Manch knurriges Gesicht entspannte sich bei dem Geruch von Kaffee und „griesgrämige Stimmung schwand wie Märzschnee“ (aus dem Roman „Burg an der Wupper“ von Hermann Bäcker, 1914). Es wurde gemutmaßt, dass Adam und Eva zwei Gewächse aus dem Paradies retten konnten: Die Tabakpflanze für die Geistlichkeit und den Kaffeestrauch für das Volk.

Der Kaffee

Auf dem Land gab es nur zu besonderen Anlässen Bohnenkaffee: Die Aluminium- und Blechtassen wurden verbannt, die beste Tischdecke aufgelegt, das gute Porzellan aus dem Schrank geholt und richtiger Bohnenkaffee aufgebrüht. Ein Hauch feinerer Lebensart durchwehte nun die gute Stube.

Bei weniger wohlhabenden Schichten der Bevölkerung und in Zeiten der Not gab es bei Kaffeedurst nur Muckefuck, einen seit dem Mittelalter bekannten trinkbaren Sud aus Getreide, Samen oder anderem. Die Bezeichnung „Muckefuck“ entstand im 19. Jahrhundert während der französischen Besatzung des Rheinlands aus „mocca faux“ (= falscher Mocca, falscher Kaffee).

Mit der Industrialisierung entwickelte sich der Bohnenkaffee zu einem Getränk für alle Schichten. Im zweiten Weltkrieg wurde Bohnenkaffee rar und notgedrungen wieder durch Muckefuck ersetzt. Nach dem Krieg war Bohnenkaffee Synonym für Wiederaufbau und Ausdruck des Wirtschaftswunders.

Kaffee und Gesundheit

Heute beträgt der jährliche Verbrauch an Kaffee in Deutschland 160 Liter bzw. 800 Tassen pro Kopf. Damit ist er das Lieblingsgetränk der Deutschen, noch vor Bier oder Wasser.

Kaffee stand lange Zeit in dem Ruf, wegen seines Koffeingehaltes der Gesundheit zu schaden. Aktuelle Studien sprechen jedoch dagegen: Koffein regt den Stoffwechsel positiv an, die Gefäße erweitern sich und der gesamte Körper wird besser durchblutet. Konzentration und Aufmerksamkeit wachsen, Magen und Darm kommen in Schwung. Es wird sogar angenommen, dass einige Inhaltsstoffe des Kaffees Erkrankungen wie Krebs, Parkinson oder Diabetes vorbeugen können.

GUT ZU WISSEN:

Um das Aroma zu erhalten, bewahrt man den Kaffee mit der Originalverpackung in einer Dose auf, damit sich seine ätherischen Öle durch den Kontakt mit Sauerstoff nicht zu schnell verflüchtigen.

Nach Öffnen der Packung schmeckt frisch gemahlener Kaffee am besten in den ersten 10 Tagen. Für längere Zeiträume empfiehlt sich eine luftdichte Aufbewahrung im Kühlschrank.

Das Wasser zur Zubereitung sollte frisch sein. Nach dem sprudelnden Kochen kurz warten, denn die ideale Temperatur zum Aufgießen liegt bei 96 Grad. Mit einer Prise Salz oder Kakao gewinnt der Kaffee an Aroma.

Damit der Kaffee in der Dröppelmina nicht bitter schmeckt, soll das Kaffeemehl für den Aufguss grob gemahlen sein, da es sehr lange im Wasser zieht.

De bongkte Taß

Em Jlaserschaaf en user Stuvven,
Do steet vill schüne ale Krom.
Dovan ech neulich mir en Deelchen
Vürsechtich en de Häng ens nom.

Et wor en Taß mem jolde Rängchen.
Bemolt met fingen Blömcher bongk,
Dodrus de Jrooß en ihren Dagen
Su döckes stellverjnöchlich drongk.

Se heel en ihren alen Hängen
De Taß jrad wie en hellich Stöck,
On daacht an längsverjangen Ziggen,
An Freud on Leed, an stelles Jlöck.

„Aus Liebe“ dät se höesch dann sagen,
Su op dä Taß jeschrevven stund,
On mänechmol an den treuen Ogen
En Trän sech nit verstechen kunnt!

August Kierspel

Rezepte

Das Brot

Brot, herzhaft oder süß, dunkel oder hell

Früher war Brot Hauptbestandteil der Mahlzeiten eines Tages. Als Geschenk Gottes empfunden, wurde es mit Ehrfurcht behandelt und beim Backen mit dem Finger ein Kreuz in den Brotteig gedrückt. Brotbacken war schwer und zeitaufwendig, insbesondere die Schwarzbrotherstellung. Der Vorteig musste mehrmals gehen und mit dem Mehl vermischt werden. So mancher Bauer knetete den Teig mit seinen Füßen, während er sich an einem Deckenbalken festhielt.

Heute geht es einfacher und schneller:

Schwarzbrot

für 2 Kastenformen:

500 *g*	*Mehl, Typ 405*
1 *Würfel*	*Hefe*
280 *g*	*Roggenschrot (fein)*
280 *g*	*Weizenschrot (fein)*
140 *g*	*Sesam*
140 *g*	*Leinsamen*
180 *g*	*Sonnenblumenkerne*
1 *l*	*Buttermilch*
180 *g*	*Rübenkraut*
1-2 EL	*Salz*
1 TL	*Zucker*

1. Mehl, Roggen- und Weizenschrot, Sesam, Leinsamen, Sonnenblumenkerne und Salz miteinander vermischen.
2. Buttermilch erhitzen (60 – 70 Grad), Rübenkraut darin auflösen und der Mischung hinzufügen, 20 – 30 Minuten stehen lassen.
3. Hefewürfel zerbröckeln und mit einem TL Zucker bestreuen.
4. Den aufgelösten Würfel zur Mischung geben, alles vermengen und 10 Minuten an einem warmen Ort gehen lassen.

5. Den Teig in eine Kastenform füllen und nochmals 30 – 40 Minuten gehen lassen.
6. Ofen aufheizen und vor dem Hineinschieben der Backform mit einem Sprüher anfeuchten.
7. Nach fünf Minuten Backzeit die Luft im Ofen erneut anfeuchten.
8. Das Brot bei 150 Grad drei Stunden backen, nach zwei Stunden mit Alu- oder Backfolie abdecken.

Das Backen von Schwarzbrot gilt als Königsdisziplin in der Backstube.

GUT ZU WISSEN:

Alte Backformen entweder einfetten und mit Haferflocken bestreuen oder mit Backpapier auslegen.

Vor dem Anschneiden das Schwarzbrot mindestens einen Tag stehen lassen. Im Kühlschrank hält sich das Brot etwa zwei Wochen.

Geschichtliches

Neben den Backhäusern auf größeren Bauernhöfen gab es in bergischen Dörfern auch Gemeindebackhäuser, die sogenannten Backes. Wegen der beim Backen in einem Ofen entstehenden Hitze von über 200 Grad war die Errichtung eines Backofens innerhalb eines Wohnhauses aufgrund der Feuergefahr verboten. Deshalb wurden am Ortsrand massiv aus Stein gebaute, gemeinschaftlich genutzte Backhäuser errichtet. Die Frauen trafen sich dort nicht nur zum Backen, gern hielten sie auch ein Schwätzchen („Klaaf"). In einigen Ortschaften des Bergischen Landes sind heute liebevoll restaurierte Backhäuser wieder in Betrieb.

Manche Frauen im Dorf hatten Sauerteig in einem Topf gelagert, den man sich „ausborgen" konnte. Nach dem Anrühren des eigenen Teiges erhielt die Leihgeberin ein Stück davon zurück. Da fast täglich im Dorf gebacken wurde, war der Basissauerteig stets frisch.

Roggenmisch- oder Bauernbrot

500 g	*Roggenmehl*
500 g	*Weizenmehl*
175 g	*Sauerteigansatz (erhältlich im Bioladen oder Reformhaus)*
½ l	*lauwarmes Wasser*
1 EL	*Salz*

1. Sauerteigansatz in einer Schüssel mit Wasser glatt rühren und 125 g Roggenmehl zugeben, nochmals rühren.
2. Schüssel mit einem Tuch abdecken und über Nacht an einem warmen Ort (20 – 30 Grad) stehen lassen.
3. Am nächsten Tag das restliche Mehl, Wasser und Salz dazugeben, alles gut verkneten. Erneut die Schüssel mit einem Tuch abdecken und zwei Stunden gehen lassen.
4. Teig ca. 10 Minuten durchkneten.
5. Aus dem Teig ein Rundbrot formen und dies auf ein gefettetes, bemehltes Backblech legen, kreuzweise einschneiden. Mit einem Tuch abgedeckt, wieder 2 Stunden gehen lassen.
6. Das Brot im vorgeheizten Ofen bei 220 Grad 1¼ Stunde backen.

GUT ZU WISSEN:

Ein Sauerteig hält sich ca. 2 – 3 Wochen; danach gärt er aus und verliert die Kraft, durch die der Brotteig locker und verdaulich wird.

Geschichtliches

Die steinigen und schweren Ackerböden im Bergischen Land erschwerten den ertragreichen Anbau von Weizen. Mitte des 19. Jahrhunderts war Weizenmehl so teuer, dass 500 Gramm den Tageslohn eines Bauern kostete. Im ärmeren bergischen Haushalt gab es Weizenbrot nur zu hohen Festtagen. Blatz – oder hart ausgesprochen Platz – und Stuten als süße Hefeteigbrote aus Weizenmehl galten daher lange Zeit als Wohlstandsartikel.

„Chreßdag dann bick jedermann,
Ostern ävver nur wer kann,
Pengsten blus ne riche Mann."

Alter bergischer Spruch

Weizenbrot war etwas so Besonderes, dass es nur als Auflage von Schwarzbrot gegessen wurde (Platzbotteram). Das Brot pur zu genießen war verpönt.

Um einzusparen, ersetzte die Hausfrau die Hälfte des Weizenmehls durch das preiswertere Roggenmehl, was das Brot herzhafter machte. Dieses durfte auch ohne Schwarzbrot mit Butter und Apfel- oder Birnkraut verzehrt werden.

Weizenmischbrot

500 g	*Roggenmehl*
500 g	*Weizenmehl*
70 – 80 g	*Hefe*
1 TL	*Zucker*
¼ - ½ l	*Milch*
	Salz

1. Mehl in eine Schüssel geben und in die Mitte eine Kuhle drücken.
2. In die Kuhle zerbröckelte Hefe, Zucker und eine Tasse lauwarme Milch geben und mit einem Teil des Mehls verrühren. Diesen Vorteig an einem warmen Ort gehen lassen.
3. Wenn der Vorteig auf die doppelte Größe angewachsen ist, den Rest Milch und das Salz zugeben. Das Ganze mit dem umgebenden Restmehl gut verkneten und den Teig nochmals an einem warmen Ort gehen lassen.
4. Den rund geformten Teig auf ein gefettetes Backblech legen, kreuzweise einschneiden und 80 – 120 Minuten backen bei 180 – 200 Grad.

GUT ZU WISSEN:

Die Kruste wird glänzend, wenn das Brot vor dem Backen mit Milch bestrichen wird.

Für einen leckeren säuerlichen Geschmack wird der Vorteig mit Buttermilch anstatt mit Milch angesetzt.

Rosinenstuten

1 *kg*	*Weizenmehl*
40 *g*	*Hefe*
1	*Ei*
125 *g*	*Butter, Margarine oder Schweine-schmalz*
5 EL	*Zucker*
350 *ml*	*Milch*
125 *g*	*Rosinen*
1 Prise	*Salz*

1. Mehl in eine Schüssel sieben und in die Mitte eine Kuhle drücken.
2. In die Kuhle zerbröckelte Hefe, einen TL Zucker und gut eine Tasse lauwarme Milch geben und mit einem Teil des Mehls verrühren. Diesen Vorteig eine halbe Stunde an einem warmen Ort gehen lassen.
3. Wenn der Vorteig auf doppelte Größe angewachsen ist, angewärmte Butter, Ei und Salz sowie die Reste von Zucker und Milch zugeben. Das Ganze mit dem umgebenden Restmehl gut verkneten.
4. Rosinen in einem Sieb mit heißem Wasser überbrühen und abtropfen lassen, in den Teig geben und diesen nochmals an einem warmen Ort gehen lassen.
5. Teig in eine gefettete Kastenform geben und darin erneut gehen lassen. Mit einem scharfen Messer den Teig über die gesamte Länge mittig einen Zentimeter tief einritzen.
6. Bei 200 Grad etwa eine Stunde backen.

GUT ZU WISSEN:

Zu den Rosinen, dem Oberbegriff für getrocknete Weinbeeren, zählen Korinthen (dunkel, klein, meist kernlos) und Sultaninen (hell, größer, kernlos).

Ein Platz ist ein rundes Brot aus denselben Bestandteilen wie ein eckiger Stuten:

Sonntagsplatz

500 g	*Mehl*
1	*Tüte Trockenhefe*
1	*Ei*
80 g	*Butter*
80 g	*Zucker*
¼ l	*Milch*
½	*Zitrone (Saft)*
1 Prise	*Salz*

1. Mehl und Trockenhefe in einer Schüssel mischen; Ei, Salz, Zucker und Zitronensaft hinzufügen und alles vermengen (Knethaken).
2. Milch erhitzen, Topf von der Herdplatte nehmen und Butter darin auflösen.
3. Beides lauwarm in die Schüssel zu den „trockenen" Zutaten schütten und alles gut verrühren; abgedeckt an einem warmen Ort gehen lassen.
4. Ist der Teig auf das Doppelte angewachsen (nach etwa 15 Minuten), etwas Mehl darüber streuen und kräftig durchkneten. Dies so oft wiederholen, bis der Teig nicht mehr an den Fingern klebt.
5. Teig zu einem ovalen Brotlaib formen und auf das mit Backpapier ausgelegte Backblech legen; eventuell durch Einschneiden mit einem Kreuz- oder Ährenmuster verzieren.
6. Oberfläche vor dem Backen mit Wasser oder Milch bestreichen.
7. Bei 175 Grad etwa 30 Minuten goldbraun backen. Probe: Stricknadel oder Schaschlikspieß in die Mitte des Platzes stechen; der Platz ist fertig, wenn kein Teig haften bleibt.

Korinthenplatz

1375 g	*Mehl*
80 g	*Hefe*
2	*Eier*
250 g	*Butter (zerlassen)*
1 Tasse	*Zucker*
½ l	*Milch*
375-500 g	*Korinthen*
1 Prise	*Salz*
	etwas Zimt
1	*Eigelb, mit Milch oder Kondensmilch verdünnt*

1. Mehl in eine Schüssel sieben, in die Mitte eine Vertiefung drücken.
2. In die Vertiefung die zerbröckelte Hefe, einen EL Zucker und eine Tasse lauwarme Milch geben. Mit einem Teil des Mehls verrühren und an einem warmen Ort gehen lassen, bis der Vorteig die doppelte Größe erreicht hat.
3. Die Reste von Milch und Zucker, zerlassene Butter und Eier hinzufügen und alles zu einem glatten Teig verrühren. Salz, Zimt und Korinthen abschließend unterrühren und nochmals gehen lassen.
4. Den Teig auf einem gefetteten Backblech zu einem ovalen oder runden Brotlaib formen und gehen lassen.
5. Kreuzweise einschneiden und mit verdünntem Eigelb bestreichen.
6. Bei 180 - 200 Grad etwa eine Stunde backen.

GUT ZU WISSEN:

Es ist üblich, zur Bergischen Kaffeetafel den Stuten oder den Platz mit Milchreis, Zucker und Zimt (Riesbrei, Zucker un Kaneel) zu belegen, und zwar „su deck, dat me met de Nas draan stuppe kann“.

Kartoffelbrot

1 *kg*	*Mehl (Roggen oder Weizen)*
7	*dicke Kartoffeln*
40 *g*	*Hefe*
2	*Eier*
½ *l*	*Milch*
2 – 3 TL	*Salz*
1 *Prise*	*Zucker*

1. Hefe mit Zucker und etwas lauwarmer Milch anrühren und gehen lassen.
2. Kartoffeln schälen, waschen und reiben. Kartoffelmasse in einem Sieb ausdrücken und abtropfen lassen oder in einem Leinentuch auspressen.
3. Kartoffelmasse in eine Schüssel geben und die angesetzte Hefe hinzufügen
4. Restliche Milch zum Kochen bringen, über die Kartoffel-Hefemasse gießen und die übrigen Zutaten dazugeben. Alles zu einem glatten Teig verrühren und an einem warmen Ort etwa eine Stunde gehen lassen.
5. Teig in eine Kastenform füllen, erneut eine Stunde gehen lassen.
6. Bei 250 Grad etwa eine Stunde backen.

Zum Rühren des Teigs ist eine Küchenmaschine mit Knethaken oder ein Handrührgerät zu empfehlen.

Der Milchreis

Milchreis – ein Essen zum Wohlfühlen!

Wie so viele Zutaten der Bergischen Kaffeetafel verdanken wir auch den Milchreis unseren holländischen Nachbarn. Seit dem frühen 18. Jahrhundert wurde über Holland in Deutschland Reis aus dem Osten Indiens eingeführt. Bis zur 2. Hälfte des 19. Jahrhunderts war er jedoch Luxusware. Danach entwickelte sich Reis rasch zu einem Volksnahrungsmittel, der Verbrauch verdoppelte sich innerhalb weniger Jahre.

Im Bergischen Land entstand der Brauch, Brot mit leckerem Milchreis zu bestreichen; selbst gebackenes Brot mit Milchreis und Kraut als Aufstrich war für viele die Delikatesse schlechthin.

GUT ZU WISSEN:

Längst hat Milchreis die Küche von Hobby- und Sterneköchen erobert. Ursprünglich ein Kinderessen mit Zimt und Zucker, ist er in ausgefallenen Variationen auf mancher Speisekarte zu entdecken. Pistazie und Rosenwasser lassen ihn orientalisch werden, ein Hauch Exotik verleihen ihm Ingwer, Mandelblättchen und Orangenschalen. In die Weihnachtszeit führt er uns mit Lebkuchengewürz.

Milchreis – Variante 1

2 Tassen	*Rundkornreis (Milchreis)*
1 EL	*Butter*
1 l	*Milch*
1 Prise	*Salz*
	Zucker
	Zimt
	Mark einer ausgekratzten Vanilleschote

1. Butter in einem Topf zerlaufen lassen, Milch und Gewürze dazugeben, alles zum Kochen bringen.
2. Milchreis hinein geben, kurz aufwallen lassen und 30 Minuten bei kleiner Hitze (nicht kochen!) quellen lassen, mehrmals umrühren.
3. Nach Bedarf 2 – 3 EL Zucker einrühren.
4. Mit Zucker und Zimt bestreut servieren.

GUT ZU WISSEN:

Der Milchreis wird mit etwas mehr Milch sämiger. Vor dem Kochen der Milch den Topf mit kaltem Wasser ausspülen, so setzt sich nichts am Topfboden fest.

Zur Verfeinerung unterrühren:
3 EL süße Sahne
oder
2 EL Vanillepuddingpulver, in 5 EL Milch eingerührt
oder
ein Ei / Eigelb.

Der Milchreis

Unsere Großmütter haben den Reis in der Milch einmal aufkochen lassen und den Topf, eingehüllt in eine Zeitung oder eine Wolldecke unter das Plumeau ins Bett gestellt, wo der Reis garte. Moderner ist die Zubereitung des Milchreises im Schnellkochtopf:

Milchreis – Variante 2

250 *g*	*Rundkornreis* (*Milchreis*)
100 *g*	*Zucker*
¾ – 1 *l*	*Milch*
1 *Prise*	*Salz*

1. Schnellkochtopf kalt ausspülen und alle Zutaten hinein geben, Deckel gut verschließen.
2. Bis Ventilstufe 2 (2. Ring) kochen lassen, dann die Temperatur sofort zurückstellen, bei kleiner Flamme 10 Minuten weiter kochen lassen.
3. Schnellkochtopf vom Herd nehmen und langsam den Dampf ablassen; Deckel erst abnehmen, wenn kein Dampf mehr entweicht.
4. Milchreis mit einem Löffel vorsichtig umrühren und stehen lassen, bis er fester geworden ist.

Am besten schmeckt der Reis mit Zucker und Zimt, heiß serviert.

Hier noch ein Rezept für langsames Garen im Ofen (in Anlehnung an eine Kreation des Kochbuchautors Nigel Slater):

Milchreis – Variante 3

1. Ofen auf 140 Grad vorheizen.
2. Milchreis, Zucker, Lorbeerblatt, Vanillemark, Salz und einen halben Liter Milch vermischen.
3. Alles in eine großzügig mit Butter eingefettete Auflaufform geben.
4. Im Ofen 60 Minuten bei 140 Grad backen.
5. Auflaufform herausnehmen, Lorbeerblatt entfernen. Nochmals einen halben Liter Milch sowie Crème double mit der Masse verrühren.
6. Eine weitere Stunde bei 140 Grad backen. Es bildet sich eine schöne Kruste.

60 g	*Rundkornreis (Milchreis)*
3 EL	*brauner Zucker*
1 *l*	*Vollmilch*
150 *g*	*Crème double*
1	*Lorbeerblatt*
	Mark einer Vanilleschote
1 *Prise*	*Salz*
	Butter zum Einfetten der Auflaufform

Apfel- und Birnenkraut

Apfel– und Birnenkraut sind in Supermärkten, Bioläden oder auf Wochenmärkten erhältlich. Die eigene Herstellung von Obstkraut als leckerem fettarmen und gesunden Brotaufstrich erfordert jedoch Geduld.

Geschichtliches

Apfelkraut und Birnenkraut (Pefferkrücksche) waren typisch für das Bergische Land. Äpfel und Birnen stammten von den Streuobstwiesen, die zum Landschaftsbild gehören. Die Verarbeitung von nicht so hochwertigem Obst oder Fallobst war eine Möglichkeit, billigen Brotaufstrich zu erhalten. Auch wurden viele Gerichte der Bergischen Küche mit Kraut verfeinert, beispielsweise Waffeln, Pfann- oder Reibekuchen.

In Notzeiten kam Obstkraut immer zu besonderen Ehren, sogar in vornehmeren Haushalten. Ein alter Bauer: „Mr hann fröher mehr Krutt fräßen es Botter“ (Rheinisch-Bergischer Kalender, 1964). Das Apfelkraut ersetzte, vor allem in kinderreichen Familien, oft die Butter und wurde deshalb auch „schwarze Botter“ genannt. Das Birnenkraut ersetzte den teuren Zucker, dessen Pfundpreis Mitte des 19. Jahrhunderts dem Lohn von sechs Arbeitstagen entsprach.

Apfel- oder Birnenkraut – Variante 1

1 kg	*Äpfel oder Birnen*
100 ml	*Wasser*
ca. 500 g	*Zucker*

1. Äpfel oder Birnen waschen, schälen, entkernen und vierteln.
2. Mit Wasser auf sehr kleiner Flamme unter langsam einkochen, immer wieder umrühren.
3. Nach 2 – 4 Stunden ist eine braune klebrig-süße Masse entstanden, das Apfel- oder Birnenkraut.
4. In Gläser abfüllen.

GUT ZU WISSEN:

Durch die Fruchtrückstände ähnelt der fertige Fruchtaufstrich dem Apfel- oder Birnenmus.

Apfel- oder Birnenkraut - Variante 2

3 kg süß-säuerliche Äpfel oder saftige Birnen
Wasser

1. Äpfel / Birnen waschen, entkernen und in Stücke schneiden.
2. In einen großen Kochtopf geben und den Topf mit Wasser befüllen, bis das Obst knapp mit Wasser bedeckt ist.
3. Topfinhalt zum Kochen bringen und auf kleiner Flamme mit geschlossenem Deckel weiterkochen, bis die Früchte zerfallen (wie bei Kompott). Dies kann 15 bis 30 Minuten dauern.
4. Ein Großes Sieb mit einem Mulltuch ausschlagen, Früchte hinein geben und den Saft in eine große Schüssel abtropfen lassen, ab und zu durchrühren. Es kann bis zu 24 Stunden dauern, bis die Flüssigkeit vollständig abgetropft ist. Abschließend den Mull sehr gut ausdrücken.
5. Der aufgefangene Saft wird auf großer Flamme im weiten, offenen Topf bis zu 1½ Stunden eingekocht. Ist die Saftmenge um die Hälfte reduziert, fängt der Saft an einzudicken. Unter ständigem Rühren solange weiterkochen, bis ein zäher Sirup entstanden ist. Der Saft ist nun auf 1/6 reduziert.
6. In heiß ausgespülte Gläser füllen, diese sofort verschließen und 15 Minuten auf den Kopf stellen.

GUT ZU WISSEN:

Mulltücher gibt es in Drogeriemärkten bei Babyartikeln. Vor Gebrauch auskochen!

Ständig rühren, sonst brennt das Apfelkraut an und wird bitter.

Marmeladengläser platzen beim Einfüllen nicht, wenn sie auf ein feuchtes Tuch gestellt werden.

Der entsaftete Fruchtrest kann, mit Zucker verfeinert, genossen werden.

Bei Herstellung von Birnenkraut kann das Wasser durch naturtrüben Apfelsaft ersetzt werden; eine Prise Zimt und etwas gemahlenen Kardamom beim Einkochen der Früchte hinzufügen.

Rübenkraut

Rübenkraut (Pimpeskrücksche) ist ein zähflüssiger Sirup, der aus Zuckerrüben gewonnen wird. Er heißt auch Zuckerrübensirup und ist nicht nur ein Genuss als süßer Brotaufstrich, sondern findet auch bei der Herstellung von dunklen Brotsorten oder Rheinischem Sauerbraten Verwendung. Der Sirup verfeinert den Geschmack und schenkt eine schöne dunkle Färbung.

Die Waffeln

„... an der anderen Schmalseite baute
sich ein riesiger Waffelturm auf,
von dem ebenfalls noch Wärme
und Frische aufstieg.
Wie lief da in den leckersüchtigen
Mündern, denen ein ‚Ah!' entfuhr,
das Wasser zusammen!"

Emil Bart, Haan

Die Waffeln sind das Herzstück der Bergischen Kaffeetafel. Traditionell werden sie während des gesamten „Tafelns" direkt aus dem Waffeleisen warm serviert. Dazu gibt es Puderzucker oder Milchreis mit Zucker und Zimt oder rote Grütze oder heiße Kirschen mit Sahne.

Geschichtliches

Wahrscheinlich ist das Waffelbacken aus dem Oblatenbacken in den Klöstern Belgiens und Frankreichs entstanden. Es hat seine Kreise bis in unsere Breiten gezogen und sich zu einer regionalen Spezialität des Bergischen Landes entwickelt.

Die Gebrüder Grimm leiten in ihrem deutschen Wörterbuch das Wort Waffel aus dem Niederländischen ab. Es bedeutet soviel wie Gebäck und soll von dem niederländischen Begriff für „weben“ bzw. „Gewebe“ abstammen (wabenförmige Prägung der Waffel).

Waffeln gab es in früheren Zeiten nur zu außergewöhnlichen Anlässen. Einem „hohen Besuch“, wie dem Herrn Lehrer, dem Herrn Pfarrer oder einem anderen hochrangigen Mitglied der Gemeinde wurden in der Regel drei Waffeln gereicht. Die Familie musste sich zurückhalten; der Herr des Hauses erhielt zwei Waffeln, die Kinder bekamen nur eine.

Im Gegensatz zu den alten, reich verzierten und schwer zu handhabenden Waffeleisen erleichtern die heutigen elektrischen Geräte das Waffelbacken erheblich. Durch eine Beschichtung haftet der Teig nicht am Eisen, das nur noch vor dem ersten Gebrauch eingefettet werden muss.

Die Waffeln

Waffeln, einfach

Für ca. 8 – 10 Waffeln

250 g	*Mehl*
1 gestr. TL	*Backpulver*
3	*Eier*
125 g	*Butter*
30 g	*Zucker*
1	*Päckchen Vanillezucker*
¼ l	*Milch*

1. Eier mit Butter, Zucker und Vanillezucker in einer Schüssel schaumig schlagen.
2. Mehl mit Backpulver vermischen, sieben und mit der Milch nach und nach der Eier-Butter-Zucker-Mischung hinzufügen.
3. Teig mit einem großen Löffel in ein Waffeleisen geben und goldbraun backen.
4. Heiß servieren.

GUT ZU WISSEN:

Waffelteig sollte immer ein wenig flüssiger sein als normaler Kuchenteig, also weiche Butter verwenden und – wenn nötig – den Teig mit etwas Flüssigkeit, Milch oder vorzugsweise Sprudelwasser, geschmeidig machen.

Mit einem Schuss Alkohol kann jede Waffel verfeinert werden; besonders eignen sich Armagnac, Rum oder Kirschwasser.

Geschmacksvariationen bringen: Gemahlene Nelken, Zimt, Kardamom, Anis, Ingwerpulver, Koriander oder die abgeriebene Schale einer ungespritzten Zitrone.

Zum Einfetten eines nicht beschichteten Waffeleisens kann Öl oder eine beim Metzger erhältliche Speckschwarte verwendet werden.

Die Zeit, die zum Aufheizen des Waffeleisens benötigt wird, ist je nach Gerät unterschiedlich, ebenso die Menge Teig für eine Waffel. Auf jeden Fall testen!

Waffelteig erst einfüllen, wenn das Eisen richtig heiß geworden ist; so gelingen die Waffeln am besten.

Die Waffeln werden weich, wenn man sie nach dem Backen übereinander legt. Einzeln auf einem Kuchengitter liegend werden sie knusprig.

Besonders zu empfehlen:

Hillas Sahnewaffeln

Für 10 – 12 Waffeln

125 g	*Weizenmehl*
125 g	*Speisestärke*
2 gestr. TL	*Backpulver*
250 g	*Butter / Margarine*
4	*Eier*
100 g	*Zucker*
¼ l	*Sahne, alternativ saure Sahne oder Buttermilch*
1	*Päckchen Vanillezucker*
1 Prise	*Salz*

1. Eier trennen; Butter in einer Schüssel schaumig schlagen, nach und nach Zucker, Vanillezucker und Eigelbe zufügen.
2. Mehl und Backpulver sieben, mit Speisestärke und Salz vermischen. Mit der Sahne abwechselnd der Masse zufügen und gut umrühren.
3. Eiweiß zu Eischnee schlagen und unterheben.
4. Teig nach Bedarf mit Milch vorsichtig geschmeidig machen.
5. In kleinen Portionen in das Waffeleisen geben und goldbraun backen.

Diese Waffeln schmecken auch am nächsten Tag noch lecker.

Die Waffeln

Bergische Hefewaffeln

Für 10 Waffeln

300 *g*	*Mehl*
20 *g*	*Hefe*
3	*Eier*
125 *g*	*Butter (flüssig) oder Margarine*
1 TL	*Zucker*
4 EL	*Milch (lauwarm)*
1/8 *l*	*Milch*
1 *Prise*	*Salz*

1. Hefe zerbröckeln und mit 4 EL Milch, Zucker und etwas Mehl zu einem Brei verrühren und an einem warmen Ort gehen lassen.
2. Nach ca. 5 Minuten die restlichen Zutaten hinzufügen und zu einer glatten Masse verkneten.
3. Teig zudecken und an einem warmen Ort gehen lassen, bis der Teig sich verdoppelt hat.
4. Portionsweise im Waffeleisen goldgelb backen.

GUT ZU WISSEN:

Hefe gibt es frisch in Würfeln und als Trockenhefe zu kaufen.

Beim Arbeiten mit Hefe keine kalten Zutaten verwenden, diese sollten mindestens Zimmertemperatur haben. Zu große Hitze schadet der Hefe ebenso, also Wasser oder Milch nur lauwarm verarbeiten.

Langes Kneten lohnt sich: Der Teig nimmt dabei Sauerstoff auf, den die Hefe zum Gehen benötigt. Ideale „Geh-Temperatur" findet sich in Heizungsnähe. Keine Zugluft!

Vorsicht beim Gehenlassen im Backofen: Die Temperatur nur auf 40 Grad stellen, die Backofentür einen Spalt offen halten (Holzlöffel in Backofentür klemmen). Den Teig immer mit einem Tuch abdecken, um ihn vor dem Austrocknen zu schützen.

Der Hefeteig soll fest und elastisch sein. Klebt er an den Fingern, fehlt Mehl; fällt er beim Zusammenkneten auseinander, fehlt Flüssigkeit.

Bei der Verwendung einer Küchenmaschine niedrigste Stufe wählen. Zu schnelles Kneten schädigt die Hefepilze und der Teig wird nicht locker genug.

Bergische Apfelwaffeln

Für 8 – 10 Waffeln

250 *g*	*Weizenmehl*
1 *gestr.* TL	*Backpulver*
250 *g*	*Margarine*
4	*Eier*
75 *g*	*Zucker*
125 *ml*	*Milch (lauwarm)*
300 *g*	*Äpfel*
50 *g*	*Mandeln oder Haselnüsse (gerieben)*
½ TL	*Zimt*
1 Prise	*Salz*

1. Margarine mit Zucker schaumig schlagen, Eier zufügen.
2. Mehl mit Backpulver mischen, sieben und mit der lauwarmen Milch dazu geben.
3. Geschälte und in kleine Würfel geschnittene Äpfel mit den Mandeln vorsichtig unter den Teig heben.
4. In nicht zu großen Portionen in das Waffeleisen geben und goldbraun backen.

Die Waffeln

Geschichtliches

Im Bergischen Land wurden die Waffeln überwiegend aus Hafermehl hergestellt, bis sie von Waffeln aus Weizenmehl verdrängt wurden. Viele Ältere schwärmen heute noch vom aromatischen Geschmack der Hafermehlwaffeln, einige Bauern hielten sogar die Verwendung von Weizenmehl für übertriebenen Aufwand: „Die all Löckt seng och met Bre´melt (Hafermehl) uβkommen" (Rheinisch-Bergischer Kalender).

Hafermehlwaffeln

Für 4 Personen

500 *g*	*Hafermehl (aus dem Reformhaus oder Bioladen)*
3	*Eier*
250 *g*	*Butter*
2 EL	*Zucker*
3 EL	*Birnenkraut*
200 *ml*	*Möhrensaft*
200 *ml*	*Milch*
1 TL	*Anisgewürz*
1 Prise	*Salz*

1. Butter und Zucker in einer Schüssel schaumig schlagen.
2. Eier zugeben, Milch und Möhrensaft nach und nach unterrühren.
3. Mehl, Salz, Anis und in wenig Wasser aufgelöstes Birnenkraut nacheinander hinzufügen.
4. Waffelteig löffelweise in das Waffeleisen geben und goldgelb backen.

Die Groβeltern aβen die Hafermehlwaffeln am liebsten bestrichen mit Honig oder Rübenkraut.

Haferflockenwaffeln

Für 4 Personen

500 g	*Haferflocken*
3 – 4	*Eier*
200 g	*Butter oder Margarine*
20 g	*Zucker*
¾ l	*Milch*
1 EL	*Anis und Zimt*
1 Prise	*Salz*

1. Haferflocken mit einem halben Liter Milch übergießen, umrühren und 2 – 3 Stunden stehen lassen.
2. Butter zerlassen, in den Haferflockenbrei geben, Eier und Gewürze zufügen und alles gut verrühren.
3. Für einen geschmeidigen Teig die restliche Milch zugießen.
4. Waffelteig löffelweise in das Waffeleisen geben und bei leichter Hitze backen.

Kartoffelmehlwaffeln

Für ca. 22 – 25 Waffeln

750 g	*Kartoffelmehl*
500 g	*Butter oder Margarine*
8	*Eier*
375 g	*Zucker*
1 Prise	*Salz*

1. Butter und Zucker in eine Schüssel geben und ca. eine halbe Stunde schaumig schlagen, Eier trennen und die Eigelbe mit Salz und dem Kartoffelmehl in die Butter-Zucker-Masse geben, gut umrühren.
2. Eiweiße zu Eischnee schlagen, unterheben.
3. Schüssel in einen Topf mit heißem Wasser stellen, damit der Teig die richtige Konsistenz behält.
4. Teig löffelweise in das Waffeleisen geben und goldgelb backen.

Die Waffeln

Auch Diabetiker müssen nicht auf Waffeln verzichten:

Buttermilchwaffeln, für Diabetiker geeignet

Für 12 Waffeln

250 *g*	*Mehl*
1 *gestr.* TL	*Backpulver*
4	*Eier*
125 *g*	*Margarine*
¾ TL	*flüssiger Süßstoff*
125 *ml*	*Buttermilch*
	Mark von zwei ausgekratzten Vanilleschoten
1 Prise	*Salz*

1. Margarine, Eier, Süßstoff, Vanillemark und Salz in eine Schüssel geben und zu einer schaumigen Masse schlagen.
2. Mehl und Backpulver vermischen und sieben, abwechselnd mit der Buttermilch löffelweise in die Masse geben und rühren, bis ein flüssiger, dünner Teig entsteht.
3. Teig löffelweise in das Waffeleisen geben und goldbraun backen.

Eiserkuchen oder Röllchenwaffeln

Es gibt in der bergischen Küche auch Rezepte für Waffeln, die extra dünn in einem speziellen Waffeleisen gebacken werden. Diese knusprigen (drüjen) Waffeln, auch Eiserkuchen genannt, werden – ähnlich einem Eishörnchen – unmittelbar nach dem Backen eingerollt, solange sie sich noch formen lassen: Heiße Waffel auf ein Butterbrotpapier legen und mit Hilfe des Papiers einrollen oder über einem Kochlöffelstiel zur Tüte formen. Die Waffeln werden bereits einige Tage vor dem Verzehr fertig gestellt.

GUT ZU WISSEN:

Keine Milch verwenden, sonst werden die Eiserkuchen nicht knusprig.

Der Teig kann nur in einem speziellen Hartwaffeleisen ausgebacken werden!

Hartwaffeln können auch zu Körbchen geformt werden:
Die noch heiße Waffel über eine kleine umgestülpte Schüssel legen, etwas andrücken und erkalten lassen. Das so entstandene Körbchen kann nun nach Belieben mit Kirschen oder Roter Grütze, Sahne oder Eis befüllt werden.

Die Waffeln

Eiserkuchen

250 g	*Mehl*
65 g	*Butter oder Margarine*
250 g	*Zucker*
1 Pk.	*Vanillezucker*
2	*Eier*
375 ml	*Wasser (lauwarm)*
1 Prise	*Salz*

1. Butter mit etwas Zucker schaumig rühren, nach und nach Vanillezucker, Eier, Salz und restlichen Zucker hinzufügen.
2. Gesiebtes Mehl abwechselnd mit Wasser unter die Masse rühren; der Teig muss dünn werden, bei Bedarf also mehr Wasser zugeben.
3. Teelöffelweise Teig in ein gut gefettetes Hartwaffeleisen füllen und goldgelb backen.
4. Die Waffeln heiß aus dem Eisen lösen und zu Röllchen formen.
5. Auf einem Kuchengitter abkühlen lassen.

Eiserkuchen mit Zimt

250 g	*Mehl*
50 g	*geschmolzene Butter*
2	*Eier*
250 g	*brauner Kandis*
¼ l	*Wasser*
2 TL	*Rum*
1 TL	*Zimt*

1. Wasser kochen und darin den Kandis auflösen, abkühlen lassen.
2. Mit den restlichen Zutaten in eine Schüssel geben und alles gut miteinander verrühren.
3. Teig in einem Topf unter Rühren erhitzen, einmal aufkochen lassen.
4. Abgekühlten Teig teelöffelweise in ein gut gefettetes Hartwaffeleisen füllen und goldbraune Waffeln backen.
5. Sofort nach dem Backen einrollen.

GUT ZU WISSEN:

Die Waffeln können auch wie folgt genossen werden: Enden der Röllchen nach dem Erkalten in geschmolzene Schokoladenkuvertüre (150 g) tauchen und auf Butterbrotpapier trocknen lassen. Die gerollten Waffeln mit Milchreis, Sahne oder Vanilleeis servieren.

Schokoladenkuvertüre / Kakaoglasur: 200 g Puderzucker, 30 g Kakao, 3 – 4 EL heiße Milch, 25 g Kokosfett. Puderzucker und Kakao mit heißer Milch glatt rühren, zerlassenes Kokosfett dazugeben und alles gut verrühren. Sofort verwenden, da die Glasur nach dem Erkalten schnell fest wird.

In Blechdosen, gut verschlossen, bleiben die Waffeln lange frisch und knusprig.

Noch mehr Köstlichkeiten

zum Erweitern der Tafel

Schon 74 v. Ch. soll der römische Feldherr Lucius Lucullus die Kirschen von Kleinasien in seine Heimatstadt Rom gebracht haben; von dort verbreiteten sie sich in ganz Europa.

Eingedickte Kirschen, einfach

1 Glas	*Sauerkirschen (entsteint)*
1 Pk.	*roter Tortenguss*
ca. 2 EL	*Zucker*

1. Tortenguss mit etwas Kirschsaft aus dem Glas und Zucker in einen Becher geben und verrühren.
2. Kirschen mit dem restlichen Saft in einem Topf erhitzen, nicht kochen.
3. Tortenguss beifügen, unter ständigem Rühren aufkochen.
4. Heiß oder kalt servieren.

GUT ZU WISSEN:

Die Kirschen werden mit einer Schüssel geschlagener Sahne serviert.

Anstatt Tortenguss kann auch ein Päckchen Vanillepuddingpulver genommen werden: Mit dem Kirschsaft aufkochen, anschließend die Kirschen kalt hinzufügen und alles mit Zimt abschmecken.

Eingedickte Kirschen, beschwipst

1 Glas	Sauerkirschen (entsteint)
3 EL	Zucker
2 cl	Kirschwasser
1 EL	Stärkemehl

1. 4 EL Kirschsaft aus dem Glas mit der Speisestärke in einem Becher glatt rühren.
2. Kirschen mit restlichem Saft und Zucker in einem Topf aufkochen lassen.
3. Die angerührte Speisestärke hineingeben, unter Rühren nochmals aufkochen.
4. Kirschwasser unterrühren.
5. Heiß servieren!

Eine Alternative zu Kirschen ist die aus Beeren hergestellte Rote Grütze:

Rote Grütze – Variante 1

250 *g*	*Erdbeeren*
250 *g*	*Himbeeren*
3 EL	*Speisestärke*
2 EL	*Zucker*
50 *ml*	*Wasser*
	Mark einer ausgekratzten Vanilleschote

1. Erdbeeren putzen und in Stücke schneiden.
2. Himbeeren, nur falls nötig, waschen
3. Früchte mit Zucker, Vanillemark und Wasser in einem Topf bei mittlerer Hitze einige Minuten kochen lassen.
4. Speisestärke in 4 EL kaltem Wasser auflösen und unterrühren.
5. Unter ständigem Rühren aufkochen und einige Minuten köcheln lassen.
6. Nach dem Erkalten servieren.

GUT ZU WISSEN:

Die Rote Grütze wird mit geschlagener Sahne oder Vanillesoße serviert.

Auch Rote Grütze lässt sich mit Alkohol verfeinern.

Rote Grütze – Variante 2

1 *kg*	*tiefgekühlte Beeren (Mischung)*
60 *g*	*Speisestärke*
100 *g*	*Zucker*
1 *l*	*Johannisbeernektar*

1. Speisestärke in 125 ml Johannisbeernektar auflösen.
2. Restlichen Johannisbeernektar in einem Topf zum Kochen bringen.
3. Aufgelöste Stärke in kochenden Nektar einrühren, nochmals aufkochen lassen.
4. Gefrorene Früchte hinzufügen.
5. Topf von der Herdplatte nehmen und abkühlen lassen.
6. In eine Schüssel umfüllen und kalt stellen.

Geschichtliches

Ballbäuschen, auch „Bullebäuskes“ oder „Bomböschen“ genannt, eine leckere Spezialität mit vielen Namen, sind Hefeteigbällchen in der Größe eines eingedrückten Tischtennisballs, die früher in einer extra Pfanne mit sieben halbkugeligen Vertiefungen („Bomböschespann“) ausgebacken wurden. Schmalz oder Butter wurde zerlassen, der Teig löffelweise in die Vertiefungen gefüllt und über dem offenen Feuer gebacken. Heute werden Ballbäuschen in der Friteuse zubereitet.

Ballbäuschen

500 *g*	*Mehl*
30 *g*	*Hefe*
5	*Eigelb*
8	*Eiweiß*
125 *g*	*Butter*
3 EL	*Zucker*
1 TL	*Vanillezucker*
¼ *l*	*Milch (lauwarm)*
200 *g*	*Korinthen*
½ TL	*Zimt*
2 *Tropfen*	*Zitronenaroma*
	Salz
	Puderzucker

1. Hefe mit lauwarmer Milch verrühren, Zucker und eine Prise Salz hinzufügen, nach und nach Mehl und Butter, mit dem Eigelb schaumig gerührt, einarbeiten.
2. Mit Zitronenaroma, Vanillezucker und Zimt würzen, Korinthen unterheben.
3. Eiweiß mit einer Prise Salz steif schlagen und unter den Teig heben.
4. Teig abgedeckt an einem warmen Ort etwa 1½ Stunden gehen lassen.
5. Fett in Friteuse erhitzen.
6. Kleine Teigmengen mit einem Esslöffel abstechen und, zu Bällchen geformt, in der Friteuse ausbacken.
7. Auf Küchenkrepp abtropfen lassen.
8. Mit Puderzucker bestreut servieren.

"Looß mr ens leichtsinnig seng on Muuzen backen!" sagten die bergischen Bäuerinnen früher in Hinblick auf ihre schlanke Linie und ließen es sich schmecken.

Muuzen

250 g	Mehl
80 g	Butter
70 g	Zucker
1	Ei
1	Eigelb
100 ml	Milch (lauwarm)
4 cl	Rum
1 Spritzer	Rosenwasser (in der Apotheke erhältlich)
1 Prise	Salz
	Puderzucker

1. Butter schmelzen und mit Zucker, Ei und Eigelb schaumig rühren.
2. Rum sowie – nach und nach – Mehl, Milch und Salz hinzufügen, gut umrühren.
3. Abschließend mit Rosenwasser verfeinern.
4. Wenn der Teig eine feste Konsistenz hat, die Muuzen mit zwei Teelöffeln aus dem Teig ausstechen (die Tropfenform der Muuzen entsteht durch mehrmaliges Gegeneinanderstreifen der Löffel).
5. Muuzen in der Friteuse in siedendem Fett goldbraun ausbacken.
6. Auf Küchenkrepp abtropfen lassen.
7. Mit reichlich Puderzucker bestreut servieren.

Zuckerzwieback

oder „Beschüttcher för de Pänz oder de Besök"

1 Paket	Zwieback
2 Pakete	Puderzucker
	Saft einer Zitrone
etwas	Kirsch- oder Johannisbeersaft
etwas	Milch
etwas	Zimt
etwas	Kakaopulver

1. Flüssigkeiten zusammenrühren und mit Zimt und Kakaopulver würzen.
2. Puderzucker nach und nach einrühren, bis eine sämige Paste entsteht.
3. Paste sofort dick auf die Zwiebäcke streichen.
4. Trocknen lassen und in einer verschlossenen Blechdose aufbewahren.

Geschichtliches

Ein altes Gericht, das „Verwent Brud“ oder „Verwent Schnettchen“, kam aus Köln ins Bergische Land. „Verwent“ stammt von verwennen, verwöhnen, und wer verwöhnt seine Gäste nicht gern! Bekannt sind diese Verwöhn-Schnittchen auch unter dem Begriff „Arme Ritter“.

„Am Charfreitage wurde gefastet,
zu Mittag nur Kaffee getrunken
mit einem Schößchen oder kleinen Semmel,
abends gab´s aber…Verwent Brud“

Ernst Weyden, 1862

Verwentschnettcher

12	*Zwiebäcke*
2	*Eier*
20 *g*	*Zucker*
½ *l*	*Milch*
1 EL	*Zitronenzucker*
1 *Prise*	*Salz*
	Paniermehl
	Butterschmalz
	Zimt und Zucker

1. Eier trennen, Zwiebäcke nebeneinander in eine flache Schale legen.
2. Eigelb, Salz, Zucker, Zitronenzucker und Milch gut verrühren und über die Zwiebäcke gießen, etwa eine Viertelstunde einweichen.
3. Mit Eiweiß und Paniermehl panieren.
4. In heißem Butterschmalz in der Pfanne von beiden Seiten knusprig braun braten.
5. Mit Zimt und Zucker bestreut servieren.

GUT ZU WISSEN:

Zitronenzucker ist – wie Vanillezucker – in Päckchen im Supermarkt erhältlich.

Zu den Verwentschnettcher passen Preiselbeeren oder auch andere Zugaben:

„Bei der Tant jov et Vanillezaus, Äppelkumpott oder Rövekruck dobei"

Gustav Casparek, Kochbuch aus dem Rheinland 1976

Nusskuchen

300 g	*Mehl*
1 Pk.	*Backpulver*
4	*Eier*
200 g	*Butter*
200 g	*Zucker*
1 Pk.	*Vanillezucker*
200 g	*gemahlene Haselnüsse*
	Butter und Paniermehl für die Form

Glasur:

150 g	*Puderzucker*
2 – 3 EL	*Weinbrand oder Wasser (lauwarm)*

1. Butter, Zucker und Eier untereinander rühren, Mehl, Backpulver, Vanillezucker und Haselnüsse nach und nach hinzufügen.
2. Kastenform einfetten und mit Paniermehl ausstreuen.
3. Teig in die Form geben und bei 200 Grad eine Stunde backen.
4. Kuchen abkühlen lassen und aus der Form stürzen.
5. Glasur: Puderzucker in einer Tasse nach und nach mit dem Weinbrand oder Wasser verrühren, Glasur sollte nicht zu flüssig sein.
6. Glasur auf den erkalteten Kuchen streichen.

Schnelle Sandtorte

300 g	*Kartoffelmehl*
1 Pk.	*Backpulver*
4	*Eier*
1 Platte	*Palmin*
200 g	*Zucker*
1	*Zitrone*
1 Prise	*Salz*
	Butter und Paniermehl für die Form
	Puderzucker

1. Palmin schmelzen.
2. Übrige Zutaten in einer Schüssel vermischen.
3. Flüssiges Palmin vorsichtig hineinlaufen lassen, gut verrühren.
4. In eine gefettete, mit Paniermehl bestreute Kuchenform füllen.
5. Bei 175 Grad 50 – 60 Minuten backen.
6. Nach Belieben erkalteten Kuchen mit in Wasser aufgelöstem Puderzucker bestreichen.

Bergischer Streuselkuchen

1. Hefe mit 1 TL Zucker und einem Teil der Milch ansetzen, etwa eine halbe Stunde gehen lassen.
2. Angesetzte Hefe mit restlichen Teigzutaten zu einem glatten Teig verrühren, bis er Blasen wirft. An einem warmen Ort 45 Minuten gehen lassen.
3. Streuselzutaten zusammenmengen und mit den Händen zu kleinen Streuseln zerbröckeln.
4. Hefeteig auf einem gefetteten Backblech ausrollen, mit etwas flüssiger Butter bestreichen und Streusel gleichmäßig darauf verteilen.
5. Bei 225 Grad etwa 15 – 20 Minuten backen.

Teig:	
250 g	*Mehl*
15 g	*Hefe*
1	*Ei*
40 g	*Zucker*
60 g	*zerlassene, abgekühlte Butter*
10 EL	*Milch (lauwarm)*
1 Prise	*Salz*
Streusel:	
375 g	*Mehl*
200 g	*Zucker*
200 g	*Butter*
	Schale einer ungespritzten Zitrone
etwas	*zerlassene Butter*

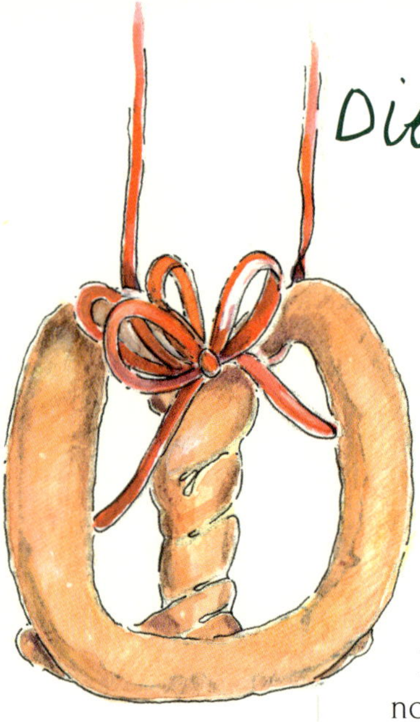

Die Burger Brezeln

„... de Kopp voll Hoor,
de Muhl voll Zäng
on en Brezel an de Häng!“

aus einem bergischen Segensspruch zu Neujahr

Fehlt noch etwas auf unserer Bergischen Kaffeetafel? Eigentlich nicht. Ein beliebtes Gebäck gibt es jedoch noch, um die Kaffeegäste zu beglücken: Die Brezel.

Geschichtliches

Das Wort Brezel ist aus dem lateinischen Wort „bracchium“ (Arm, Unterarm) entstanden. Mönche, die am „Kapitular“ Karls des Großen arbeiteten, prägten den Namen für dieses an zwei verschränkte Arme erinnernde Backwerk.

Eine lange Tradition haben die Burger Brezeln:
Um 1795 war ein verwundeter französischer Soldat bei einem Bäcker in Burg an der Wupper zur Genesung einquartiert. Der Soldat, selbst Bäcker, verriet seinem Wohltäter zum Dank ein Rezept für Brezeln. Daraus entstand das Burger Brezel-Rezept. Zunächst blieb es ein Geheimnis, aber schon wenige Jahre später hatte fast jedes bergische Städtchen einen Bäcker, der sich auf das Burger Brezelbacken verstand.

So genannte Kiepenkerle zogen durch das Bergische Land und verkauften die Brezeln.

Für echte bergische Leckermäuler gibt es nur eine Art, die Brezel richtig zu genießen: Sie wird „gezoppt"; das heißt, sie wird in den Kaffee getunkt, bevor sie ihren Weg in den Mund findet. Eine übermäßig vollgesogene Brezel kann zu Spritzern oder peinlichen Flecken auf der Kleidung führen. Wehe, wenn die Brezel mit einem Plumps wieder in der Tasse landet!

Burger Brezeln werden nicht – wie der Volksmund sagt – aus „Wupperwasser und Lehm" hergestellt.

„Und …

hat man erst genug gegessen,
klappt das Zoppen schon recht gut,
denn bei jedem Zopp-Gemetzel
lernt man doch immer wieder dazu."

Heike Schreiber in: „Bergischer Leckerfreß"

Die Burger Brezeln

Burger Brezeln

1 *kg*	Mehl
20 *g*	Hefe
½ Pk.	Backpulver
150 *g*	Butter oder Schweineschmalz
400 *g*	Zucker
½ *l*	Wasser (lauwarm)
1 Prise	Salz

1. Mehl und Backpulver vermischen und in eine Schüssel sieben.
2. Hefe separat in einem Schüsselchen zerbröckeln, mit 5 EL lauwarmem Wasser, etwas Mehl und 2 EL Zucker zu einem Brei verrühren, zugedeckt an einem warmen Ort gehen lassen, bis die Masse sich verdoppelt hat (ca. 20 Minuten).
3. Mit dem Mehl und den restlichen Zutaten zu einem Teig verkneten, zugedeckt noch einmal eine halbe Stunde an einem warmen Ort gehen lassen.
4. Teigmasse erneut kneten.
5. Für eine Brezel: Kleine Teigportion nehmen, nochmals durchkneten, zu einer Schnur (ca. 2 cm Durchmesser) rollen und Brezel formen.
6. Brezeln auf ein gefettetes Backblech legen, abermals gehen lassen.
7. Bei ca.180 Grad etwa 20 Minuten backen.

GUT ZU WISSEN:

Eine echte Burger Brezel wird im Mittelteil viermal gedreht („Brezel spinnen“).

Mancher schwört, dass eine „gezoppte“ Brezel am besten auf einem gut gebutterten Stück Schwarzbrot schmeckt.

Schmalzbrezeln

1. Fett mit Zucker und Eiern schaumig schlagen.
2. Zitronenschale, Schmand und Mandeln unterrühren.
3. Mehl mit Backpulver mischen, sieben und hinzufügen.
4. Alles zu einem glatten Teig verkneten, ruhen lassen.
5. Aus dem Teig ca. 50 Kugeln formen, auf einer bemehlten Unterlage aus jeder Kugel eine ca. 20 cm lange Rolle drehen und zu einer Brezel legen.
6. Schmalz erhitzen und Brezeln 3 – 4 Minuten backen.
7. Auf Küchenkrepp legen und Fett abtropfen lassen.
8. Mit Puderzucker bestäubt servieren.

425 g	*Mehl*
1 TL	*Backpulver*
75 g	*Butter*
80 g	*Zucker*
2	*Eier*
75 g	*Schmand*
50 g	*Mandeln (gemahlen)*
1 Schale	*Zitrone (unbehandelt)*

Zum Ausbacken:

1 kg	*Schweineschmalz*

Burenbrezeln

1. Mehl in eine Schüssel sieben, in der Mitte eine Kuhle drücken, in diese die zerbröckelte Hefe, einen EL Zucker und eine Tasse lauwarme Milch geben.
2. Masse mit einem Teil des Mehls verrühren, dann die restlichen Zutaten nach und nach hinzugeben, alles gut verkneten.
3. Teig abdecken und eine halbe Stunde gehen lassen.
4. Teile vom Teig abstechen und daraus Brezeln formen.
5. Brezeln in kochendes Wasser geben, herausnehmen, wenn sie an die Oberfläche gestiegen sind.
6. Brezeln auf ein gefettetes Backblech legen und 5 – 10 Minuten im vorgeheizten Backofen bei 200 Grad backen.

1,5 kg	*Mehl*
40 g	*Hefe*
250 g	*Butter*
150 g	*Zucker*
2	*Eier*
½ l	*Milch (lauwarm)*
1 *Prise*	*Salz*

Der Aufgesetzte

„Ne jueden Kloren
Hölpt dem Mann op de Johren!“

Alter bergischer Spruch

Der krönende Abschluss einer Bergischen Kaffeetafel ist ein Gläschen echt Bergischen Korns. Es darf auch ein „Aufgesetzter“ („Opgesadden“) sein, das ist ein starker Likör, der mit schwarzen Johannisbeeren und Bergischem Korn angesetzt.

Exsistierten 1950 etwa 120 Schnapsbrennereien im Bergischen Land, so ist heute nur noch eine Kornbrennerei in Betrieb. In Hofferhof, nicht weit entfernt vom Ortskern Rösrath-Hoffnungstals, befindet sich die Kornbrennerei und Likörfabrik „Hoffer Alter“. Das seit 1880 bestehende Familienunternehmen stellt bereits in der fünften Generation echten Bergischen Korn her. Aus 90 Tonnen Korn (Weizen und Roggen) entstehen 130.000 Flaschen flüssiger Korn. Ein sehr leckerer Aufgesetzter ist hier auch zu finden; das Rezept wird allerdings nicht verraten!

„Nichts macht mit der Landschaft vertrauter,
als der Genuss von Schnäpsen aus Korn,
welches auf ihrer Erde gewachsen
und von ihrer Sonne durchleuchtet wurde.“

Nach einem alten Trinkspruch

Aufgesetzter – Variante 1

nach einem Tipp des Seniorchefs der Kornbrennerei „Hoffer Alter"

1 Flasche	Korn (mind. 38% Alkohol)
bel. Menge	schwarze Johannisbeeren (nicht mehr, als der Inhalt der Flasche Korn bedecken kann)
2 TL	Holunderbeersaft

Zum Nachsüßen:

	Traubenzucker
etwas	Wasser

1. Johannisbeeren waschen, abtropfen lassen und in eine Flasche mit breitem Hals geben.
2. Flasche mit Korn auffüllen, bis die Johannisbeeren gerade bedeckt sind.
3. Zur Färbung Holunderbeersaft hinzufügen.
4. Zum Reifen stehen lassen, in der Regel 6 – 8 Wochen.
5. Jede Woche einen Schluck probieren (aber nur einen „wönzigen Schlock"!).
6. Zum Entfernen der Beeren den Likör durch ein Haarsieb oder ein doppelt gelegtes Mulltuch gießen.
7. Abschließend nach Belieben nachsüßen: Traubenzucker in etwas warmem Wasser auflösen und dem Likör zufügen.
8. Vor dem Genuss den guten Tropfen noch etwas ruhen lassen.

Der Aufgesetzte

Aufgesetzter – Variante 2

1	*Flasche Korn (32% Alkohol)*
150 g	*schwarze Johannisbeeren*
150 g	*Kandis, braun oder weiß*
1	*Vanilleschote (aufgeschlitzt)*
½	*Zimtstange*

1. Johannisbeeren waschen, abtropfen lassen und mit einer Gabel von den Rispen streifen.
2. Beeren, Kandis und Vanilleschote in eine möglichst weithalsige Flasche füllen.
3. Korn darüber gießen und das Ganze etwa 8 Wochen an einer warmen Stelle ziehen lassen.
4. Regelmäßig schütteln, damit der Zucker sich besser auflöst.
5. Johannisbeeren mit Hilfe eines Haarsiebs herausfiltern, Flüssigkeit in Flaschen füllen, verkorken und einige Wochen reifen lassen.

Anstelle der Johannisbeeren können auch Brombeeren, mit etwas Rum gewürzte Waldbeeren oder Sauerkirschen (2 – 3 Nelken dazugeben) verwendet werden.

GUT ZU WISSEN:

Als Flasche für das Aufsetzen empfiehlt sich eine ausgewaschene Orangensaftglasflasche mit breitem Flaschenhals und Schraubverschluss. Später wird der Likör in eine schöne Flasche gefüllt.

Zum Herausfiltern der Johannisbeeren können auch Kaffeepapierfilter im Trichter benutzt werden.

So mancher empfiehlt, den Aufguss die ersten 2 – 3 Tage in die Sonne zu stellen, damit Farbe und Aroma besser aus den Johannisbeeren gezogen werden: Einfach ausprobieren!

Ideale Trinktemperatur eines Aufgesetzten: 12 Grad. Bei dieser Temperatur „entfaltet sich die Fülle des natürlichen Geschmacks“, so die Aufschrift auf dem Aufgesetzten der Firma „Hoffer Alter“.

„Wozu die Wahrheit im Kaffeesatz suchen,
da sie doch so angenehm im Schnaps untergebracht ist.“

Tischlein deck dich

„Hm, wie das duftet! Ich deckte den Tisch ‚echt bergisch': Die alte Tischdecke und das blau-weiße Zwiebelmuster-Geschirr von der Oma. Alles ist gut 100 Jahre alt, auch das schöne Gebäck-Schiffchen und die Riesenkaffeekanne, unten breiter werdend wie Milchkännchen und Kaffeedose. Zu den Waffeln gibt es kalten, steifen Reisbrei mit Zimt und Zucker, Rübenkraut, Apfelkraut und selbst gemachte Marmelade. Auf einem Teller liegt Schwarzbrot, dazu gute Butter mit Bauernwurst, Schinken und Käse. Quark rühre ich mit Zimt und Zucker an zum ‚Klatschkäse'. In einem Schälchen ist Quark mit Salz und fein geschnittenem Schnittlauch und Petersilie. Ach so, fast hätte ich die sauren Gurken vergessen! Dazu ein klarer Korn und auch ein oder mehrere Likörchen aus dem eigenen Bestand. Das ist die Bergische Kaffeetafel, von der meine Gäste nicht so bald wieder Abschied nehmen. Beim Erzählen kommen wir ‚vom Hölzchen aufs Stöckchen' – also von einem Thema zum nächsten. Natürlich erinnern wir uns auch an alte Zeiten."

Erzählung einer oberbergischen Landfrau,
aus dem Buch „Mit Leib und Seele durch das Bergische Land", 2007

Eigene Rezepte

Eigene Rezepte

Eigene Rezepte

Mit Leib und Seele durch das Bergische Land

Anekdoten und LandFrauen-Rezepte

Im Reigen der Jahreszeiten bietet dieser Band Einblicke in ländliche Lebenswelten, Kenntnisse der regionalen Küche und Brauchtum. Herausgegeben von den LandFrauen des Kreises Oberberg.

24 x 20 cm, 160 Seiten
ISBN 978-3-935873-16-1
16,80 €

Durch Kappes und Schaffuen

Quer durchs Bergische Gemüsebeet
von Marianne Frielingsdorf, Monika Burgmer
und Sigrid Fröhling

Die Autorinnen nehmen Sie mit in Omas Garten und Küche und wer sein Gemüse bisher nur im Supermarkt gekauft hat, bekommt einen ganz neuen Blick. Mit viel Gartenwissen, Gemüseportraits alter Sorten sowie Rezepten und Geschichten vermittelt dieses Buch Kenntnisse aus ihrem reichhaltigen Erfahrungsschatz.

24 x 20 cm, 128 Seiten
ISBN 978-3-935873-36-9
14,80 €

Quellenverzeichnis:

Gustav Casparek	Das Kochbuch aus dem Rheinland Münster 1976
essen & trinken	Lieblingsrezepte Hamburg 1994
essen & trinken	Das große Buch der Blitzrezepte, Sonderausgabe Hamburg
Angelika Hajesch / Carola Wolf	Die Bergische Kaffeetafel Wiehl / Gummersbach 1992/2000
Ellen N. Henkel	Wunderbare Waffeln – Kulturgeschichte eines Gebäcks aus dem Waffeleisen Landschaftsverband Westfalen-Lippe Essen 2003
Hoffer – Alter	Firmen – Prospekt
Otto Kaufmann	Wat ha mer hüt en ander Welt...! Brei, Brot und Butter Rheinisch- Bergischer Kalender 33,1963 Käse, Kraut und Kuchen Rheinisch- Bergischer Kalender 34, 1964 Mittag- und Abendgerichte Rheinisch- Bergischer Kalender 35, 1965 Festgebäcke und –gerichte Rheinisch- Bergischer Kalender 37,1967
Peter Kombüchen	Vom Brotbacken im vorherigen Jahrhundert Rheinisch – Bergischer Kalender 33
Christiane Kührt	Waffeln und Crêpes München 2003

Landfrauenverein Hückeswagen	Rezeptsammlung Hückeswagen 1983
rhein & berg – das Magazin	„Wo aus Korn Korn wird“ Ausgabe 1 – 2004
Rheinischer Landfrauen-Verband e.V. (Hrsg.)	Mit Leib und Seele durch das Bergische Land Düsseldorf 2007
Tanja Röhr	„Einst schlugen die Waffeln Purzelbäume“ / Bergische Sätzchen Kölner Stadt-Anzeiger, 03.03.2009
Heike Schreiber	Bergischer Leckerfreß Remscheid 1981
U. Schumacher	Das Bergische Kochbuch Wiehl / Gummersbach 1978
U. Schumacher, R. Michel	Omas Bergische Backstube „mit Bergischer Kaffeetafel“ Wiehl / Gummersbach 1981
Herbert Stahl	August Kierspel 1884 – 1967 Schriftenreihe des Bergischen Geschichtsvereins, Abt. Rhein-Berg e.V., Band 19, 1997
Inge Trott	So lebten unsere Vorfahren Nümbrecht 2004
Harro Vollmar	Die historische Bergische Kaffeetafel Haan 1986
Hartmut Wendscheck	Waffeln, Platz und Aufgesetzter Gummersbach 1987

Rezeptverzeichnis: